کیا کمی تھی

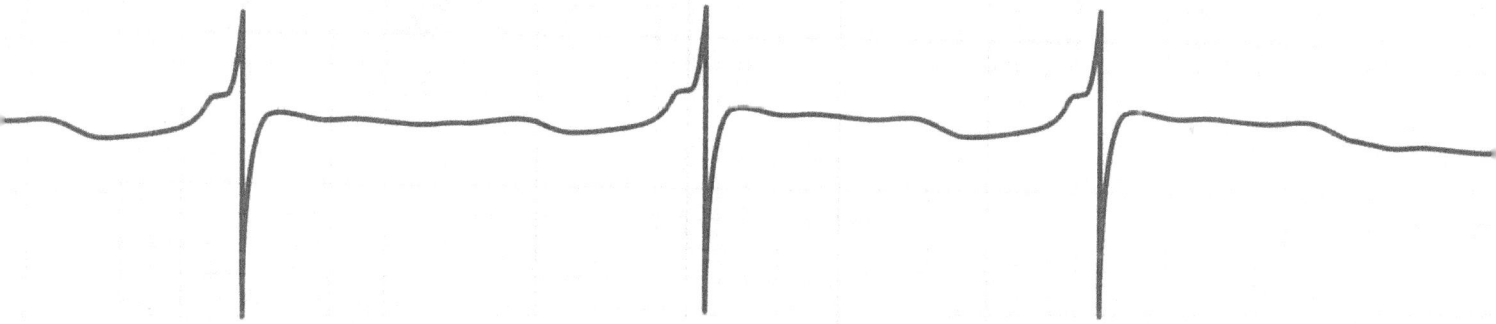

علی خان

www.AliKhan.org

بسم الله الرحمن الرحيم

In the Name of Allah - the Most Beneficent - the Most Merciful

کیا کمی تھی

Kya Kami Thi

Ali Khan

www.AliKhan.org

www.AliKhan.org

Online version of this book and Author's latest work is available at:

www.AliKhan.org/urdu

since 1998.

ISBN 0 95283 45 02   (Limited Edition – Published 1996)
       0 95283 45 10   (Standard Edition)

British Library and Library of Congress Cataloguing in Publication Data
A CIP catalogue record for this book is available from the British Library

Printed and distributed by:

Dedication

Let's dedicate it. . . . .

- to the one and only God
- who created you, me, all this universe and all the creatures and
- who is omnipotent, omniscient, omnipresent and the most merciful
- the symbol of power and light

Let's dedicate it. . . . .

- to all the prophets and the holy men and women
- from Adam and Eva to Maria and Muhammad
- who are the symbols of guidance and welfare

Let's dedicate it. . . . .

- to mothers
- to mine, to yours and to all the mothers of this world
- past, present and future
- to mothers, who are
- the symbols of love

Let's dedicate it. . . . .

- to all the people
- to poor, to ordinary,
- to the lost and hated ones
- who will continue to produce
- the cream of the world
- the symbols of search

Let's dedicate it. . . . .

- to badness, ugliness and suffering of this world
- as if it wouldn't exist, we wouldn't know the difference of love,
- peace and beauty
- the symbol of difference

Let's dedicate it. . . . .

- to human beings
- to all the human beings,
- to all the creatures,
- who are the beauty and reason of this world
- the symbols of reason, humbleness and creativity

and why not

- to love
- to all the love
- to love which is everywhere and
- to love which is itself
- the symbol of love

Let's dedicate it . . . .

منتخب اشعار

جیون میں جب دُکھ سے اپنے دن اور راتیں لکھوّں
پھر بھی کیا میں خط میں آپ کو پیار کی باتیں لکھوّں

☆

بلندیوں سے گری لاش اور مجمع ہے
یہ زیست کوہِ مصائب بنی ہے پھر شاید

☆

چشمِ تر سے آنسوؤں کا فاصلہ اچھا نہیں
ہنستے بستے شہر میں پھر حادثہ اچھا نہیں

☆

کہانی میں نصیحت بھی تھی لیکن
وہ بچّہ سنتے سنتے سو گیا تھا

☆

عؔلی فضول گذارا ہے آج کا دن بھی
چلو کسی کو سڑک پار ہی کرا دیتے

☆

ٹرین گذری تو پٹڑی پہ دیر تک وہ جسم
تڑپتا رہ گیا، جیسے ہو جان آرے پر

☆

کیا کوئی اب کے بھی بچّہ چھین کر لے جائے گا
اور ماں گاڑی کے پیچھے بھاگتی رہ جائے گی

☆

پتھر سے کوئی جھیل کو گھائل کیا کر گیا
لہروں کے آنسوؤں سے کنارہ ہی بھر گیا

☆

کوئی تو ہو جو مِرے گھر کی سیڑھیوں پہ علیؔ
صبح سویرے نئے پھول چھوڑ جایا کرے

☆

علیؔ ابھی تلک وہ نام ڈائری میں درج ہے
اگرچہ میری اس سے اب وہ دوستی نہیں رہی

☆

گھر کو چھوڑنے والو! گھر کو یاد رکھو کہ بعض اوقات
رَہ تکتی آنکھوں کے بدلے دیواریں رِہ جاتی ہیں

☆

بھیگی آنکھوں سے تو سب روتے ہیں لیکن
خشک آنکھوں سے رونا کیا ہے، ہم سے پوچھو

☆

قیامت سی یہ باہر کیا گِری ہے
کہ بَستی اپنے اُوپر آ گِری ہے

☆

کتاب میں لکھے ہوئے حروف دھندلے ہو گئے
دریچوں میں جو شام کی بھی روشنی نہیں رہی

☆

بکھرتے رنگوں جیسا ہو گیا ہوں، یہ سوچتا ہوں
میں کیا تھا، اور اب کیا ہو گیا ہوں، یہ سوچتا ہوں

(2)
کیا کمی تھی

☆

زر کی بجائے پیار کی ایسی بولی رکھّی جائے
جس پہ خوشی سے ہر بیٹی کی ڈولی رکھّی جائے

☆

کچھ نہ کچھ حوصلہ ملا ہو گا
اُس کو خط جو مِرا ملا ہو گا

☆

پہلے پہلے فون ہوں گے، خط بھی لکھے جائیں گے
پھر برائے نام سی بس دوستی رہ جائے گی

☆

درِ سخن مجھے وقتِ قبول وَا نہ ملا
اٹھائے ہاتھ مگر حرفِ مدعا نہ ملا

☆

مِرے خدا! مجھے ایسی تُو کجکلاہی دے
میں چُپ رہوں تو سمندر مِری گواہی دے

☆

ساری باقی شان سے رسمیں ادا ہونے کے بعد
کیا خبر تھی، بس یہی اِک رُخصتی رہ جائے گی

☆

آئینہ کیسا، حیرتیں کیسی
وہ نہیں ہے تو خواہشیں کیسی

☆

وہ جانتا ہے، کہ میں بھی سراب ہوں لیکن
مجھے وہ روز نئے زاویوں سے دیکھتا ہے

☆

علی ماں کی دعائیں ساتھ ہوں تو
کہیں کچھ بھی خطر دِکھتا نہیں ہے

☆

سوچا تو تھا ہوا نے تعاقب کرے مگر
بادل کنارِ شہر ہی ٹیلوں میں بٹ گئے

☆

غروبِ شمس کا منظر ہے - - - جیسے
سمندر - - - جھیل ہوتا جا رہا ہے

☆

بھیڑ کی تقلید میں گھر سے نکل کر کھو گئے
تیز کچھ اتنا چلے کہ پاؤں اندھے ہو گئے

☆

علی اس جسم کے مضبوط گھر کو کیا کروں میں
اگر یہ جسم بنیادوں سے گرتا جا رہا ہے

☆

عذاب میں بھی یہ ہم پر کمال ہوتا رہا
'یہ کس لئے ہے' برابر سوال ہوتا رہا

☆

اب کچھ اور بھی تنہا مجھ کو چھوڑ چکی ہے
تنہائی بھی اپنا رِشتہ توڑ چکی ہے

☆

نہیں ہوں، میں کسی کا بھی نہیں ہوں
اگر خود اپنے جیسا بھی نہیں ہوں

کیا کمی تھی

☆

وصال چاہو تو اس شرط مل بھی سکتا ہے
کہ پھر فراق نہ دو گے مجھے نشانی میں

☆

تمہاری آنکھوں میں خواب اترے، خدا کرے یہ
بمع مجسّم شباب اترے، خدا کرے یہ

☆

عبث یہ پانی تڑپتا نہیں ہے دھارے پر
ضرور ہو گا کوئی دوسرے کنارے پر

☆

اُس سے پوچھو رشتوں کی توقیر ہے کیسی
جو دوشیزہ رِشتوں سے مُنہ موڑ چکی ہے

☆

فضا میں بکھری ہوئی سوگوار تنہائی
اور اس پہ زندگیء نا تمام کا ماتم

☆

میں ہجرتوں کے مسلسل عذاب سے تنگ ہوں
نہ اور بدلوں ٹھکاں، اب کے میں نے سوچا ہے

☆

مجھے معلوم ہے، مجھ میں بھی کئی خامیاں ہیں
کبھی سمجھا بھی نہیں میں نے خدا سا خود کو

☆

ہمارے پاس کوئی سمت ہی نہیں ورنہ
چمکتا آئینہ ہم بھی نکالتے سائیں

☆

عجب نہیں کہ یہ دنیا انھی سے قائم ہو
جو لوگ آج بھی سچّے ہیں اور دل کے کھرے

☆

علی یہ طائرِ دل بھی عجیب وحشی ہے
جہاں پہ دیکھ لی خواہش، وہیں اتارے پَر

☆

اگر کچھ رابطہ باہر سے بنتا جا رہا ہے
خلا اندر کا بھی تو اور بڑھتا جا رہا ہے

☆

روشنیوں میں آنکھیں اندھی ہو جاتی ہیں
پھر آنکھوں کو کیا دِکھتا ہے، ہم سے پوچھو

☆

اُجڑنا چاہیے تھا --- جس طرح --- اُجڑا نہیں ہوں
ہوا کے ہاتھ میں ہوں اور میں بکھرا نہیں ہوں

☆

اپنی اوقات سے بڑھنے کی ضرورت کیا ہے
اس قدر خواب پہ مرنے کی ضرورت کیا ہے

☆

آنکھوں میں اِضطراب نہ چہرے پہ کوئی فکر
اے کاش! ہم بھی خود کو یوں شاداب دیکھتے

☆

عمر کو جاتے دیکھنا روزِ نو کی صُورت
اور پھر کچھ بھی کر نہ سکنا، یہ جیون ہے

☆☆☆☆☆

کیا کمی تھی

مجھ کو چھوڑ کے جانے والے!

ٹھکرانے والے!

جانا تھا تو جاتے ----- لیکن

ٹھکراتے ------ لیکن

تم اتنا بتلاتے جاتے

سمجھاتے جاتے

آخر مجھ میں ایسی

ایسی؟

کیا --- کمی --- تھی

وہ خوف میں یُوں نہ جانے کِس کے ڈرا ہوا تھا
کہ خود سے بھی کوئی بات کہتے ڈرا ہوا تھا

سُنا ہے حاکم نے امن کی کوئی بات کی تھی
سُنا ہے اس کو ہر ایک سُن کے ڈرا ہوا تھا

وہ جُرم اس نے وہیں کیا تھا مگر ہر اِک شخص
خلاف اس کے گواہی دیتے ڈرا ہوا تھا

بس اس کی باتوں میں ایک یہ بات نرم خُو تھی
وہ سخت لہجے میں بات کرتے ڈرا ہوا تھا

وہ دیکھ لیتا زمیں پہ پہلے تو کچھ سنبھلتا
مگر وہ شاید بلندیوں سے ڈرا ہوا تھا

شجر، ہوا نے اُسے ہی مُڑ مُڑ صدائیں دی تھیں
وہ برگِ خستہ جو ضُعفِ تن سے ڈرا ہوا تھا

پکارتا خود کو اپنی خاطر تو بچ نکلتا
مگر وہ شاید بہت ہی خود سے ڈرا ہوا تھا

تلاشِ خُفیہ مقام میں تھا وہ یوں پریشاں
کہ جیسے بچّہ کسی بلا سے ڈرا ہوا تھا

اُسے اگر تھا عزیز اتنا ہی کلمۂ حق
تو کیوں وہ لبیک اس پہ کہتے ڈرا ہوا تھا

سمٹ رہا ہوں میں رفتہ رفتہ علیؔ وہیں پر
میں جس کی دہشت کا حال سُن کر ڈرا ہوا تھا

○

مثلِ عمرِ خضرِ تو جب زندگی رہ جائے گی
دیکھنا ، مضمون میں پھر تشنگی رہ جائے گی

باقی ساری شان سے رسمیں ادا ہونے کے بعد
کیا خبر تھی بس یہی اِک رخصتی رہ جائے گی

پہلے پہلے فون ہوں گے، خط بھی لکھے جائیں گے
پھر برائے نام سے بس دوستی رہ جائے گی

ایک لمحے میں سبھی کچھ روند ڈالا جائے گا
اور چشمِ وقت سب کچھ دیکھتی رہ جائے گی

قافلہ تو جا چکا ہو گا اور اس کو پھر ہَوا
راکھ کے خستہ کھنڈر میں ڈھونڈتی رہ جائے گی

وہ مِرا ہو کے بھی میرے ساتھ نہ چل پائے گا
عمر کے باقی سفر میں یہ کمی رہ جائے گی

بوڑھے ہو کر سارے پتّے خاک میں مل جائیں گے
شاخ پر بس ایک ننھی سی کلی رہ جائے گی

کیا کوئی اب کے بھی بچّہ چھین کر لے جائے گا
اور ماں گاڑی کے پیچھے بھاگتی رہ جائے گی

میں گلے کیسے لگاتا چاند کو اپنے علی
جب خبر تھی بعد میں پھر تیرگی رہ جائے گی

○

زمیں کی چھت پہ پڑا آسمان ہوں تنہا
عمارتوں میں گھرا اِک مکان ہوں تنہا

ادھورے چاند کی صورت دریدہ عکس بھی ہوں
تہہِ کھنڈر بھی، بکھرتا نشان ہوں تنہا

کبھی ہوں بھیڑ کہ ـــــ تل دھرنے کو جگہ نہ ملے
کبھی میں رات کی اُجڑی دکان ہوں تنہا

اِک ایک کرکے مسافر تمام دُور ہوئے
مگر مَیں اب بھی کھڑا، سائبان ہوں تنہا

دَرُونِ آب سبھی کچھ ہوا ہے جس کا غریق
ندی میں تیرتا وہ بادبان ہوں تنہا

کوئی دھڑکتا ہوا بَم دبا ہے مجھ میں اور
کِسی بھی لحظہ بکھرتی چٹان ہوں تنہا

نہ جانے کون، کہاں، کب اڑا کے لے جائے
صدا کی لہر پہ لکھا بیان ہوں تنہا

مقامِ عبرتِ دنیا اگر نہیں مَیں علیؔ
تو کیوں پھر اس کے ہی جیسا گمان ہوں تنہا

○

چشمِ تر سے آنسوؤں کا فاصلہ اچھا نہیں
ہنستے بستے شہر میں پھر حادثہ اچھا نہیں

کون جانے کب یہ سانسیں ساتھ دینا چھوڑ دیں
اس قدر انبوہ کے سنگ بھاگنا اچھا نہیں

چند بوڑھی خواہشوں کو پورا کرنے کے لئے
زندگی حالات کے ہاں بیچنا اچھا نہیں

پھر کسی کی ماں کا گھر شاید کہیں اجڑا نہ ہو
کاش! دل نا پھر کہے یہ جھمگٹا اچھا نہیں

ماضی جیسے کٹ گیا ہے، حال بھی کٹ جائے گا
اور مستقبل کے بارے سوچنا اچھا نہیں

کیا کمی تھی

○

میں سحرِ ناگہاں میں کھو گیا تھا
ذرا سی دیر پاگل ہو گیا تھا

کہانی میں نصیحت بھی تھی لیکن
وہ بچہ سنتے سنتے سو گیا تھا

سمندر جانتا ہے اس سے پوچھو
ہوا میں کون آنسو بو گیا تھا

سمندر آسماں کی پیروی میں
افق تک جا کے اِک خط ہو گیا تھا

لبِ ساحل میں اکثر سوچتا ہوں
علیؔ وہ کِس بھنور میں کھو گیا تھا

○

بَلا کے ہاتھ میں اب اور زندگی نہیں رہی
گذر گیا ہے سانپ بھی، لکیر بھی نہیں رہی

بہت بلند عمارتوں کو دیکھ کر نہ سوچیئے
کہ اس دیار میں کوئی بھی جھونپڑی نہیں رہی

نہ جانے قہقہے میں کونسی وہ ایسی بات تھی
جو گونجتی تھی چار سو، وہ خامشی نہیں رہی

حضور! انتظار میں ، کھڑے ہوئے قطار میں
گلاب جیسے عارضوں میں تازگی نہیں رہی

صدائے گیت کو ذرا سا اور دھیما کیجئے
کہ اب تو اس کے شور میں وہ نغمگی نہیں رہی

کتاب میں لکھے ہوئے حروف دھندلے ہو گئے
دریچوں میں جو شام کی بھی روشنی نہیں رہی

علی ابھی تلک وہ نام ڈائری میں درج ہے
اگرچہ میری اس سے اب وہ دوستی نہیں رہی

(13)
کیا کمی تھی

○

غذا ہائے تبر دِکھتا* نہیں ہے
ہوا کو اب شجر دِکھتا نہیں ہے

سجایا آپ نے ہے گھر کو ایسے
مجھے اپنا بھی گھر دِکھتا نہیں ہے

کہیں پتھر جو مل جائیں تو ان کو
اچھالو! اب کہ سر دِکھتا نہیں ہے

اسی ساحل کے چرچے شہر میں ہیں
جہاں اب کوئی گھر دِکھتا نہیں ہے

فضا میں شعلہ گذرا تھا جہاں سے
وہاں کوئی بھی پَر دِکھتا نہیں ہے

علی ! ماں کی دعائیں ساتھ ہوں تو
کہیں کچھ بھی خطر دِکھتا نہیں ہے

○

جب سے وطن کے لوگ قبیلوں میں بٹ گئے
پھر تو دلوں کے فاصلے میلوں میں بٹ گئے

ایسی چلی ہوا کہ فضا ہی بدل گئی
مجرم کے سارے کام وکیلوں میں بٹ گئے

وہ خوشنما لباس تھا تو کیوں لگا مجھے
ٹکڑے ہوں جیسے جسم کے، کیلوں میں بٹ گئے

سوچا تو تھا ہوا نے تعاقب کرے مگر
بادل کنارِ شہر ہی ٹیلوں میں بٹ گئے

اس وقت لوگ ہوش میں آئے تو کیا علیؔ
جب سانپ سارے گھر کی فصیلوں میں بٹ گئے

○

اگرچہ جسم کئی عیسوی* پرانا تھا
ہمارے ہاتھ پہ لکھا مگر زمانہ تھا

رگوں کا زہر بھی ہم نے فروخت کر ڈالا
فصیلِ تن کو کِسی طور تو سجانا تھا

تلاشِ گوہرِ یکتا تھی اصل میں ورنہ
سمندروں کا سفر تو بس اِک بہانہ تھا

بھری سی ڈائری خالی لگی علی مجھ کو
ورق وہ گم ہوا، جس پہ لکھا فسانہ تھا

○

کبھی کہیں بھی، کِسی طور کچھ نہیں دیتے
سیانے لوگ بنا غور کچھ نہیں دیتے

ذرا سی چوک سے پاؤں جہاں پھسلتا ہو
وہاں بڑے بڑے منہ زور کچھ نہیں دیتے

ضرور رحم خداوند چاہیئے ورنہ
حضور! آپ تو فی الفور کچھ نہیں دیتے

یہ میرے اپنے ہیں شاید یہ اس لئے بھی علی
تسلیوں کے سِوا اور کچھ نہیں دیتے

○

بھیڑ کی تقلید میں گھر سے نکل کر کھو گئے
تیز کچھ اتنا چلے کہ پاؤں اندھے ہو گئے

اپنی نظروں میں ہم ان کے سنگ جچتے ہی نہ تھے
اس لئے ان سے بچھڑ کر پھر سے تنہا ہو گئے

زر کا قد بڑھنے لگا تو خامی خوبی ہو گئی
خار گل کے پیرہن کا سونا ، چاندی ہو گئے

تیرہ شب کے سرد شعلوں میں بدن جلنے لگا
جب سحر کی ساری کرنیں، سارے شعلے سو گئے

اپنے گھر کی تیرگی سے مطمئن تھے جب علی
پھر پرائی روشنی میں کیسے پاگل ہو گئے

فرازِ ارض بنوں، پستیوں میں کھو جاؤں
بس ایک روز یونہی خامشی سے سو جاؤں

فضا کے گرگ فقط میرا نقشِ پا جانیں
میں اسطرح کِسی صحرا میں جاکے کھو جاؤں

چلوں، تو سارا جہاں مجھ کو معتبر جانے
رکوں، تو شاملِ گردِ سفر میں ہو جاؤں

وہی رہوں گا، جو کل تک تھا نگہ* ماں میں علی
میں چاہے قد میں برابر کِسی کے ہو جاؤں

کِسی کے بعد کِسی کو نہ کوئی زحمت ہو
قبائے سنگ پہن کر بدن کو دھو جاؤں

سنائیں پھر کبھی ماں جی! مجھے کہانی وہ
میں درمیاں، کِسی جنگل کے، جس میں سو جاؤں

فشارِ نور بنوں، تیرگی کو دھو جاؤں
پھر اس کے بعد میں چاہے غروب ہو جاؤں

○

پتہ تبدیل ہوتا جارہا ہے
ہر اِنچ اِک میل ہوتا جارہا ہے

غروبِ شمس کا منظر ہے --- جیسے
سمندر --- جھیل ہوتا جارہا ہے

جسے سمجھے تھے مہمل پہلے پہلے
وہ خار اب --- کیل ہوتا جارہا ہے

کتابوں میں "الف" سے "ی" تلک سب
برابر سیل* ہوتا جارہا ہے

یہ دل اب چھوٹے چھوٹے حادثوں سے
مکمل --- نیل ہوتا جارہا ہے

علیؔ وہ شخص نیلا تو نہیں تھا
مگر اب نیل ہوتا جارہا ہے

المیہ

چھٹی حِس، آگہی اور سوچ کی صَر صَر
وہ جِس کو ڈوبنا ہے، ڈوب جائے گا

○

درِ سخن... مجھے وقتِ قبول ...وا نہ ملا
اٹھائے ہاتھ مگر حرفِ مدعا نہ ملا

حقیقتوں سے تعارف کبھی نہیں ہو گا
اگر مکالمۂ حرفِ آشنا نہ ملا

گیا ہے کوئی وہاں تک جہاں کے بعد کہیں
لکیرِ نقشِ کفِ پا کو نقشِ پا نہ ملا

سحر ....سفید سمندر کی اِک جھلک تو ملی
مگر ....جزیرہ...دَرِ خوابِ رتجگاہ نہ ملا*

میں آج پھر اسی دوراہے پہ کھڑا ہوں علی
جہاں خضر کبھی کوئی مِرے سوا نہ ملا

○

میں شہرِ دوستاں میں تنہا ہی جی رہا ہوں
جو پی سکے نہ کوئی وہ زہر پی رہا ہوں

میری کتاب سے جو صفحے ادھڑ گئے تھے
لفظوں کے سُوت سے اب ان کو میں سی رہا ہوں

یہ اور بات..... مجھ کو پہچانتا نہیں تُو
لیکن میں زندگی میں تیرا کبھی رہا ہوں

جو آج مجھ کو اپنا بڑھ چڑھ کے کہہ رہے ہیں
ان کی نظر میں کل میں، اِک غیر بھی رہا ہوں

کیا کمی تھی

○

دَر دَر خود کو یوں نا رولو
کبھی تو چندا آنکھیں کھولو

سب روئیں تو دَم گھٹتا ہے
سب سے تنہا ہو کے رولو

شب کے تارے، گنتی اور تم
دن نکلا ہے کچھ تو سو لو

جانے کونسا پتھر نکلے
بن سوچے تم لفظ نہ بولو

ماں تو آخر ماں ہوتی ہے
اس کے بارے ...سوچ کے بولو

علی سمندر تو گم صُم ہے
ابھی ذرا سا تم ہی ڈولو

رفتہ رفتہ بہہ جانا ہے
آخر اِک دن .... تہہ جانا ہے

کچھ سہنا ہے اِن آنکھوں نے
کچھ اِس دِل نے سہہ جانا ہے

دیکھا بھالا طوفاں ہو گا
پھر بھی سب نے بہہ جانا ہے

سب ذہنوں کے بند کمروں میں
اپنی باتیں کہہ جانا ہے

بھاگنے والو! یہ بھی سوچو!
آخر پیچھے رہ جانا ہے

علی مقدر کے ساحل پر
بیچ بھنور کے رہ جانا ہے

○

دِل کے زخموں کا مرے کوئی مداوا نہ ہوا
بات نکلی تو کوئی گھر میں شناسا نہ ہوا

اس نے چھوڑا ہے کڑی دھوپ میں تنہا مجھ کو
پھر مرے سر پہ کبھی ابَر کا سایہ نہ ہوا

اس نے باتوں سے مرے دِل پہ فسوں پھونک دیا
پھر مرے دِل کو دھڑکنا بھی گوارہ نہ ہوا

جو پلاتے رہے نفرت سے بھرے جام ہمیں
ان کی قسمت میں محبت کا پیالہ نہ ہوا

○

چلو جو چاہو کنارے کنارے ساتھ مگر
کبھی شریک نہ ہونا مِری روانی میں

وصال چاہو تو اس شرط پہ مِل بھی سکتا ہے
کہ پھر فراق نہ دو گے مجھے نشانی میں

میں آسماں کے تمہیں سارے رنگ لا دوں تو
مجھے بتاؤ گے، لہریں ہیں کتنی پانی میں

بجا ہے آپ کی..... آنکھیں... نہیں..... ستارے ہیں
مگر جو چھلکیں..... تو سب جائے اِن کے پانی میں

میں اِن کے سنگ ہی بچپن میں کھیلا کرتا تھا
سنبھل کے چلتی ہیں مجھ سے جو اَب جوانی میں

اجاڑ ڈالے گا لہروں کے دائرے کو علی
مثالِ سنگِ گراں جو گرا ہے پانی میں

○

مجھے گماں ہے کہ آئینہ جھوٹ کہتا تھا

مگر یہ سچ ہے کہ میں بھی تو اس کے جیسا تھا

بروزِ عید میں کپڑے پہن کے کیا کرتا

کہ میرے گھر میں ہی پچھلے پہر سے فاقہ تھا

شکست کھا کے جو پلٹا تو میں نے یہ دیکھا

کہ میرے گھر کو بھی دشمن نے پھونک ڈالا تھا

وہ مر گیا ہے تو مجھ کو کسی نے بتلایا

کہ وہ تو میرے ہی گھر کے قریب رہتا تھا

کیا کسی نے

○

غم کے ماروں کو یہ دنیا بھی برا کہتی ہے
اور پھر اس کو خطاؤں کی سزا کہتی ہے

ہم جسے چاہیں رہے وہ بھی ہمارا ہو کر
کون چاہت اسے کہتا ہے، وفا کہتی ہے

اتفاقاً بھی بگڑ جائے کوئی کام اگر
تو یہ دنیا اسے قسمت کا لکھا کہتی ہے

پھول روتے ہیں گلے مِل کے چمن میں لوگو!
ان کو کیا بات خزاؤں کی ہوا کہتی ہے

جو سمجھ لے گا بَھلا ہو گا اُسی کا لوگو!
بھید کی بات زمانے کی فضا کہتی ہے

شکر ہے میں تو علی خیر سے رسوا ٹھہرا
ورنہ دنیا تو خدا کو بھی برا کہتی ہے

کیا کمی تھی

○

تمہاری آنکھوں میں خواب اترے، خدا کرے یہ
بمع مجسّم شباب اترے، خدا کرے یہ

میں جس کی زد میں کنارے بیٹھا ہی ڈوب جاؤں
ندی پہ ایسا عذاب اترے، خدا کرے یہ

تمام لفظوں کی شرحِ معنی بدلنے والو!
نہ کوئی تم پر کتاب اترے، خدا کرے یہ

وہ توڑ ڈالے تمام پتھر اِک آئینے سے
مگر نہ کوئی سراب اترے، خدا کرے یہ

سوال دے کر یہ ساری دنیا کو سوچتے ہو
کِسی پہ اب نا جواب اترے، خدا کرے یہ

میں معجزے کی امید میں ہوں...لبِ سمندر
کہ مجھ میں موجِ شراب اترے، خدا کرے یہ

ہماری آنکھوں سے بہنے والے لہو کے بدلے
زمیں پہ ساری سحاب اترے، خدا کرے یہ

جمالِ رنگِ حنا تو کب کا اتر چکا ہے
بس اور اب نا حجاب اترے، خدا کرے یہ

عجب دعا ہے، علّی یہ ہر اِک گناہ کے بعد
کہ اب نہ اس کا حساب اترے، خدا کرے یہ

کیا کمی تھی

کوشش

مرے بدن سے نکلنے والے اے آخری سانس!
مجھے خبر ہے
کہ چند لمحوں کے بعد تُو بھی
فضا میں ہو گا
مگر
ذرا سی یہ التجا ہے
درُونِ تن سے درِ بدن تک کے فاصلے میں
بدن میں رہنے کی ایک کوشش ضرور کرنا
کہ صرف کوشش کے ہی سہارے
میں جی رہا ہوں

☆

اب کچھ اور بھی تنہا مجھ کو چھوڑ چکی ہے
تنہائی بھی اپنا رِشتہ توڑ چکی ہے

کاش! نواز دے مولا مجھ کو پھر وہ آنسو
جن کو چشمِ تَر وحشت میں روڑ چکی ہے

اُس سے پوچھو رِشتوں کی توقیر ہے کیسی!
جو دوشیزہ رشتوں سے مُنہ موڑ چکی ہے

اپنے گھر میں شہزادی تھی لیکن اب وہ
تنہائی سے اپنا ناطہ جوڑ چکی ہے

کیا شاہراہ پر مرنے والے بچّے کی موت؟
گاڑی والے کی قسِمَت کو پھوڑ چکی ہے

قید تھی سونے کے پنجرے میں جو شہزادی
چاندی روتے روتے وہ دَم توڑ چکی ہے

علیؔ اب اُن کو سبز کہے یا نیلا لکھےؔ
خِزاں جن آنکھوں میں اپنا رنگ چھوڑ چکی ہے

☆

جیون میں جب دُکھ سے اَپنے دِن اور راتیں لکھوں
پھر بھی کیا میں خط میں آپ کو پیار کی باتیں لکھوں

جیسے بادل دھرتی کے صفحے پر بارش لکھے
رخساروں کے صفحوں پر ایسے برساتیں لکھوں

کوئی مرا پردیس گیا نہ کوئی چاہنے والا
کس کو خط میں اپنے دِل کی مَیں سوغاتیں لکھوں

دُکھ اور سکھ بھی تو کسی قیمت کہیں نہیں مل پاتے
کیوں نہ اُن کو سونے، چاندی جیسی دھاتیں لکھوں

خود کو ٹکڑے ٹکڑے کر کے اُونچا شملہ چاہوں
اور پھر فخر سے ان ٹکڑوں کو اَپنی ذاتیں لکھوں

میرا سورج ایسا گیا کہ پھر نہ لوٹ کے آیا
اب تو اُجلے دِنوں کو بھی مَیں کالی راتیں لکھوں

علی اکیلے جینا بھی جب ابھی تلک نہ آیا
تو پھر کیوں مَیں اپنے جیون میں باراتیں لکھوں

دلیل

غزالاں!
مجھے جو عمر نے دی ہیں
تم ان جھریوں پہ مت جاؤ
ہوا بھی تو گذرتے پانیوں پہ ایسے جھریاں ڈال دیتی ہے
غزالاں!
فقط اس دل کو دیکھو
جو اب بھی سانس کی خاطر دھڑکتا ہے
مچلتا ہے
کہ جیسے پانی ساحل کی تمنّا میں بھٹکتا ہے
غزالاں!
فقط اس دِل کو دیکھو
تم ان جھریوں پہ مت جاؤ
تم ان جھریوں پہ مت جاؤ

مجھے تم سے محبت ہے

'مجھے تم سے محبت ہے'
کسی کو اتنا کہنا
یا ________ کسی سے اتنا سن لینا
کبھی کافی نہیں ہوتا

محبت کے لئے اس دور میں
بہت کچھ چاہیے جاناں !
اور ________ بنگلہ، کار، اچھی جاب
ضرورت کی تو چیزیں ہیں
اگر یہ پاس نہ ہوں ________ تو
'مجھے تم سے محبت ہے'
کا یہ فرسودہ سا جملہ
بہت فرسودہ لگتا ہے
محض اک دھوکہ لگتا ہے
محبت ویسے بھی ------ احساس کرنے ------- خیال رکھنے--- کا نام ہی تو ہے
(اگر تم یہ سمجھتی ہو
'محبت اندھی ہوتی ہے'
تو اتنا جان لو جاناں!
یہ دیوانوں کی باتیں ہیں
پروانوں کی باتیں ہیں)
ابھی تو ساری یہ چیزیں تمہیں میں دے نہیں سکتا
اور --------- میرا کیا ہے مستقبل ؟
ابھی کچھ کہ نہیں سکتا
بس اتنا جانتا ہوں کہ
ابھی کچھ بننے کی خاطر
سے درکار ہے مجھ کو
کہ اپنوں کی مدد لینے سے بھی انکار ہے مجھ کو
اگر تم لوٹنا چاہو !
تو اب بھی وقت ہے جاناں !
جو مجھ کو بھولنا چاہو
تو اب بھی وقت ہے جاناں !
مگر جب زندگی میں پھر
کسی سے پیار کرنا تم
بھلا دینا مجھے ----- لیکن
بس اتنا یاد رکھنا تم
'مجھے تم سے محبت ہے'
کسی کو اتنا کہنا
یا ________ کسی سے اتنا سن لینا
کبھی کافی نہیں ہوتا
محبت کے لئے اس دور میں
بہت کچھ چاہیے جاناں !
بہت کچھ --- چاہیے --- جاناں !

کیا کمی تھی

☆

برنگِ سُرخیٔ زنگارِ شام کا ماتم
ہو جیسے دِل میں بپا اَشکِ خام کا ماتم

فضا میں بکھری ہوئی سوگوار تنہائی
اور اُس پہ زندگیٔ ناتمام کا ماتم

کہیں پہ سالگرہ کی خوشی کا ہنگامہ
کہیں پہ موت کے تازہ پیام کا ماتم

سفید ذرّے چراغوں کی مثل جلتے ہیں
کھنڈر بھی کرتے ہیں یوُں قتلِ عام کا ماتم

فضا کو چاہیے بس اِک صدائے آہ و فغاں
علیؑ کے بعد کسی اور نام کا ماتم

نہیں رہوں گا یہاں، اب کے میں نے سوچا ہے

بکھیر دوں گا یہ جاں، اب کے میں نے سوچا ہے

تمام عمر اُمیدوں پہ کوئی کیسے جیے

نہ جی سکوں گا یوں ماں!، اب کے میں نے سوچا ہے

میں ہجرتوں کے مسلسل عذاب سے تنگ ہوں

نہ اور بدلوں ٹھکاں، اب کے میں نے سوچا ہے

میں کب تلک یونہی غم کو سجائے بیٹھا رہوں

میں بند کر لوں دکاں، اب کے میں نے سوچا ہے

بہاریں ویسے بھی مجھ سے خفا ہی رہتی ہیں

میں اوڑھ لوں گا خزاں، اب کے میں نے سوچا ہے

میں کب تلک یونہی غم کو سجائے بیٹھا رہوں

میں بند کر لوں دکاں، اب کے میں نے سوچا ہے

دعائیں یوں بھی کب اپنی قبول ہوتی ہیں

تو کیوں ہو ان کا زیاں، اب کے میں نے سوچا ہے

جو زندگی کے ڈرامے میں آخری ہے علی

وہ پہلے دیکھوں سماں، اب کے میں نے سوچا ہے

☆

کوئی پوچھے گا تو بتا دوں گا
حال کیسا ہے سب سنا دوں گا

مدتوں میں لکھا ہوا جیون
ایک ہی سانس میں مٹا دوں گا

اتنا کم فہم تو نہیں پھر بھی
آپ کو دیوتا بنا دوں گا

لوگ پوچھیں گے ماجرا کیا ہے
اِس قدر خود کو میں گرا دوں گا

اب کے سوچا ہے جو وہ آئے علیؔ
سامنے ہو بھی تو بھلا دوں گا

☆

دعا بھی دیتا ہے اور بد دعا بھی دیتا ہے

وہ کون ہے جو مجھے یوں سزا سی دیتا ہے

میں اپنے آپ سے مخلص تو ہوں مگر کوئی

درُونِ ذات مجھے بد دعا سی دیتا ہے

بجا کہ ابر نشانی ہے اُس کی رحمت کی

مگر کبھی کبھی ۔ ۔ ۔ وہ ۔ ۔ ۔ یوں سزا بھی دیتا ہے

یوں کہنا عام ہوا ہر گنہ کے بعد علی

کہ سیدھا رستہ وہ آخر دکھا ہی دیتا ہے

(38)

☆

جو بھی جھوٹا تھا وہی خواب دکھایا خود کو

بار ہا میں نے بنایا ہے تماشا خود کو

جو نامعلوم تھا پہلے اسے معلوم کیا

پھر بہت دیر تلک غم میں جلایا خود کو

کوئی بے مول سمجھتے ہوئے لے جائے گا

اسی دُھن میں پسِ بازار سجایا خود کو

مجھے معلوم ہے، مجھ میں بھی کئی خامیاں ہیں

کبھی سمجھا بھی نہیں، میں نے خدا سا خود کو

☆

بلا کی بھیڑ میں تجھ کو پکارتے سائیں
میں تھک چکا، ابھی خود کو سنبھالتے سائیں

ہمارے پاس کوئی سَمت ہی نہیں ورنہ
چمکتا آئینہ ہم بھی نکالتے سائیں

کسی طرف سے بھی اچھی خبر نہیں آتی
تو کیوں نہ لوگ تجھے پھر پکارتے سائیں

بَجا کہ چاہا تھا مجھ کو کسی نے پَر اب کے
اُجڑ چکا ہوں میں خود کو سنوارتے سائیں

تمام عمر یہ خواہش لیے پھری ہم کو
کہیں تو چین سے دو دِن گذارتے سائیں

ہمارے پاس کوئی رنگ ہے نہ خوشبو ہے
وگرنہ ہم بھی چمن کو نکھارتے سائیں

☆

حضور ! جسم پہ رہتے سدا جو پھول ہرے
گزار دیتا میں یہ عمر خاکِ راہ پہ دھرے

فقیرِ زَر نے امیروں کو یہ دُعا دی ہے
' سکوں تمھارے دلوں سے رہے ہمیشہ پرے '

کِسی کو کیا ہو غرض کون کِس کی بیٹی ہے
تماش بین تو بس چاہے کوئی رَقص کرے

انھی گھروں میں بلاؤں کا اب بسیرا ہے
جو پہلے رہتے تھے ہر وقت بَرکتوں سے بھرے

عجب نہیں کہ یہ دنیا انھی سے قائم ہو
جو لوگ آج بھی سچّے ہیں اور دِل کے کھرے

کوئی تو ہو جو مِرے گھر کی سیڑھیوں پہ علی
صُبح سویرے نئے پھول چھوڑ جایا کرے

کیا کمی تھی

☆

عبث یہ پانی تڑپتا نہیں ہے دھارے پر
ضرور ہوگا کوئی دوسرے کِنارے پر

ٹرین گذری تو پٹڑی پہ دیر تک وہ جسم
تڑپتا رہ گیا، جیسے ہو جان آرے پر

اسی کے لفظوں کے معنی بدلتے رہتے ہو
جو کائنات چلاتا ہے اِک اشارے پر

قفس کی قید سے نکلے تو اب یہ مشکل ہے
اُڑان کِس سے ملے کون دے اُدھارے پَر

صبح جو جاگ گے دیکھا تو کوئی خط نہ پیام
عبث یہ شَب بھی کٹی رَتجگے کے آرے پر

مسافرت میں ہوں جب تک ہے ساتھ سفرِ حیات
یہی لکھا ہے نا ؟ اے دوست ! اِس ستارے پر

منع جو کام ہیں کرتے ہیں اور سوچتے ہیں
ضرور رحم کرے گا خدا ہمارے پر

پرانے لوگ خلُوص و وفا سے ملتے تھے
اب ایسا ایک بھی ملتا نہیں نظارے پر

سفید صفحہ لفافے میں اُس کو بھیجا ہے
اب اِس سے بڑھ کے لکھیں کیا ہم اپنے پیارے پر

پھلانگ جاؤ ! حدیں گر پھلانگ سکتے ہو
ِ نا سَند کے جلیں گے مگر تمھارے پَر

قبیلے والو ! سُنا ہے کہ یوں بھی ہو تا ہے
گناہ ایک کا لیکن عذاب سارے پر

بجا کہ آپ کو مجھ سے بہت محبّت ہے
اے کاش! کٹتا یہ جیون بھی اس سہارے پر

ہم اب بھی باغ میں پھولوں کو ملنے جاتے ہیں
مگر وہ تتلیاں آتی نہیں پکارے پر

تمام عمر اُمیدوں کے سائے سائے رہے
وگرنہ کاٹتے یہ عمر کس سہارے پر

علی یہ طائرِ دِل بھی عجیب وحشی ہے
جہاں پہ دیکھ لی خواہش، وہیں اتارے پَر

☆

اگر کچھ رابطہ باہر سے بنتا جا رہا ہے
خلا اندر کا بھی تو اور بڑھتا جا رہا ہے

نہ جانے کس جگہ جا کر رکے گا سلسلہ یہ
بہت سے 'آنگنوں' میں صحن بٹتا جا رہا ہے

ہمارے پاس گھر بھی ہے اور اس کے سب مکیں بھی
مگر --جیون -- کہ راہوں پر ہی کٹتا جا رہا ہے

اسی مٹّی میں آخر ایک دن یہ دفن ہو گا
اسی مٹّی سے اس تن کو بچایا جا رہا ہے

نہ جانے کس جگہ پر مجھ کو شہزادی ملے گی
ابھی تک تو بلاؤں سے ہی پالا جا رہا ہے

علی اس جسم کے مضبوط گھر کو کیا کروں میں ؟
اگر یہ جسم بنیادوں سے گرتا جا رہا ہے

کیا کمی تھی

☆

لفظوں کا دُکھ کیا ہوتا ہے، ہم سے پوچھو

پیار بنا جیون کیسا ہے، ہم سے پوچھو

بھیگی آنکھوں سے تو سب روتے ہیں لیکن

خشک آنکھوں سے رونا کیا ہے، ہم سے پوچھو

شام ڈھلے جب گھر واپس نہ آئے کوئی

پھر اس گھر میں کیا جلتا ہے، ہم سے پوچھو

روشنیوں میں آنکھیں اندھی ہو جاتی ہیں

پھر آنکھوں کو کیا دِکھتا ہے، ہم سے پوچھو

کیا کمی تھی

اجڑنا چاہیے تھا ۔۔۔جس طرح ۔۔۔ اجڑا نہیں ہوں
ہوا کے ہاتھ میں ہوں اور میں بکھرا نہیں ہوں

کسی بیوہ کی بیٹی کے ہی شاید کام آتا
مگر افسوس ہے کہ میں کوئی گہنا نہیں ہوں

کہانی سنتے سنتے بچّے مجھ سے پوچھتے ہیں
میں شہزادی کی آخر کیوں مدد کرتا نہیں ہوں ؟

نہ جانے کس بلا کی عمر مجھ کو لگ گئی ہے
ہزاروں غم بھی ٹوٹیں، میں کبھی مرتا نہیں ہوں

تعلّق آپ سے میرا کچھ ایسا بن گیا ہے
کہیں جاؤں، کبھی بھی آپ سے کٹتا نہیں ہوں

علی سوچوں کی کرنیں بال چاندی کر گئی ہیں
اگرچہ میں غروبِ شمس کا سونا نہیں ہوں

☆

سانس کی آگ میں ہر دم جلنا، یہ جیون ہے
لیکن پھر بھی ---- زندہ رہنا، یہ جیون ہے

ہر خواہش کی خاطر مرنا، یہ جیون ہے
لیکن پھر بھی ---- زندہ رہنا، یہ جیون ہے

آنکھ تو چاہے آنسو سارے غم دھو ڈالیں
لیکن آنسو روکے رکھنا، یہ جیون ہے

عمر کو جاتے دیکھنا روزِ نو کی صُورت
اور پھر کچھ بھی کر نہ سکنا، یہ جیون ہے

اپنی سمجھ میں ہر اِک شخص سے آگے ہونا
لیکن پھر بھی پیچھے ہونا، یہ جیون ہے

اس کی کمی کو دل سے بھلانے کی خاطر تم
علی یہ دل سے کہتے رہنا، یہ جیون ہے

☆

نہیں ہوں، میں کسی کا بھی نہیں ہوں
اگر خود اپنے جیسا بھی نہیں ہوں

کبھی ایسے بھی دن آتے ہیں مجھ پر
کہ خود کو ملنے جاتا بھی نہیں ہوں

میں لوگوں سے بہت ڈرتا ہوں لیکن
جو رَب ہے، اس سے ڈرتا بھی نہیں ہوں

بہت ہی دُکھ ہوا یہ جان کر آج
کہ میں تو اپنے جیسا بھی نہیں ہوں

نکلتا ہے نہ کوئی کام اپنا
کسی کے کام آتا بھی نہیں ہوں

میں اپنی حَد میں رہتا ہوں ہمیشہ
پھر اس حَد سے نکلتا بھی نہیں ہوں

بہت معصوم لگتا ہوں بظاہر
مگر اس کا میں سایہ بھی نہیں ہوں

بچھا دیتا میں خود کو ان کی خاطر
مگر دکھ ہے کہ رَستہ بھی نہیں ہوں

جہاں پیشانی پہ کچھ حَرف آئے
میں ایسے در پہ جھکتا بھی نہیں ہوں

کسی ہٹّی پہ چل جائے جو اِک دن
میں ایسا کھوٹا سکّہ بھی نہیں ہوں

عؔلی میں کیا ہوں، کہ ہر روز خود سے
جو کہتا ہوں، وہ کرتا بھی نہیں ہوں

☆

بکھرتے رنگوں جیسا ہو گیا ہوں، یہ سوچتا ہوں
میں کیا تھا، اور اب کیا ہو گیا ہوں، یہ سوچتا ہوں

نہ جانے کس کا بدلا لے گئی ہیں، ہوائیں مجھ سے
کہ بس اِک زرد پتّا ہو گیا ہوں، یہ سوچتا ہوں

خود اپنے آپ کو پیارا نہیں جب کبھی لگا میں
تو کیسے تم کو پیارا ہو گیا ہوں، یہ سوچتا ہوں

مِرے سب جاننے والے تھے، جو پیچھے رہ گئے ہیں
اور اُن کا میں حوالہ ہو گیا ہوں، یہ سوچتا ہوں

مِری سوچوں کی بینائی میں شدّت سی آگئی ہے
علی شاید میں بوڑھا ہو گیا ہوں، یہ سوچتا ہوں

غزل

کانٹوں پہ کیسے چلنا ہے۔ یہ چل کر پتہ چلا
گھر کیا ہے۔ ہم کو گھر سے نکل کر پتہ چلا

اس سلطنت میں اب بھی غریبی کا راج ہے
یہ راز شاہ کو بھیس بدل کر پتہ چلا

بچنے کا راستہ بھی پھسلنے کے ساتھ ہے
اس بات کا ہمیں بھی پھسل کر پتہ چلا

سچ بولیے تو کوئی یہاں پوچھتا نہیں
یہ آئینے میں خود کو بدل کر پتہ چلا

کھونا ہی اس کو اصل میں اسکا حصول ہے
یہ فلسفہ ہمیں بھی سنبھل کر پتہ چلا

© محمد علی خان

☆

جب اپنا کوئی نہیں ہے تو دید کیا ہوگی
وطن سے دُور غریبوں کی عید کیا ہوگی

ابھی تو پچھلی محبّت کے زخم تازہ ہیں
ابھی کسی سے محبّت شنید کیا ہوگی

حضور! ہم تو بنا دام بکنے والے ہیں
حضور! آپ سے اپنی خرید کیا ہوگی

ملے ہے جو بھی سڑک پر اب اس سے مانگتے ہیں
اب اور مٹّی ہماری پلید کیا ہوگی

یہ لوگ دِل کے نہیں، جسم کے پجاری ہیں
اِنھیں کسی سے محبّت شدید کیا ہوگی

میں خود کو دیکھ کے حیرت سے اب یہ سوچتا ہوں
خراب حالت اب اِس سے مزید کیا ہوگی

کبھی تم اپنے سمندر میں ڈُوبتے ہی نہیں
تو اپنی آگہی تم سے کشید کیا ہوگی

چمن میں کاغذی کلیوں کا دور آیا ہے
تو کوئی کافیء مثلِ فریدؒ کیا ہوگی

تمام رشتے اگر زر کے واسطے ہیں علی
تو ایسے رِشتوں سے ہم کو اُمید کیا ہوگی

☆

دعا نہیں تو کسی بددعا کی زد میں ہے
ہمارا گھر ہی ہماری بلا کی زَد میں ہے

یہ جسم ٹوٹ کے آخر بکھر تو جائے گا
مگر ابھی یہ خود اپنی انا کی زد میں ہے

فراق میرے لیے مسئلہ نہیں ہے مگر
کسی کا پیار کسی کی وفا کی زَد میں ہے

میں شاید اس لیے گھر لوٹ کر نہیں جاتا
کہ میرا خواب ابھی اِشتہا کی زد میں ہے

حقیقتوں سے مفر بزدلوں کا شیوہ ہے
کچھ اس لیے بھی بقا پھر فنا کی زد میں ہے

علی یہ زندگی اس کے علاوہ کچھ بھی نہیں
کہ زَرد پتّا مسلسل ہوا کی زَد میں ہے

کیا کمی تھی

☆

زَر کی بجائے پیار کی ایسی بولی رکھّی جائے
جس پہ خوشی سے ہر بیٹی کی ڈولی رکھّی جائے

جن کی قبا سے ہوس کا دَامن ڈھیلا پڑتا ہو
اُن ہاتھوں میں اُن کے گھر کی چولی رکھّی جائے

تم ہی بتاؤ ! کیا قیمت دو گے تم اس گھر کی
جس کی بنیادوں میں خون کی ہولی رکھّی جائے

عؔلی جنھوں نے دُکھ سُکھ کے دن ساتھ بتائے ہوں
یاد ہمیشہ اُن یاروں کی ٹولی رکھّی جائے

ادھوری غزلیں

قیامت سی یہ باہر کیا گری ہے
کہ بستی اپنے اُوپر آ گری ہے
صدا کیسے پلٹ آئے کہ اب --- وہ
پسِ دیوارِ گنبد جا گری ہے

☆☆☆

چلے تھے گھر سے مگر راستہ سفر میں نہ تھا
یوں بے خبر ہیں جہاں سے، یہ کچھ خبر میں نہ تھا
شجر سے گر کے وہ پتّے کچھ ایسے روندے گئے
وجود ہی کبھی ان کا کسی شجر میں نہ تھا

☆☆☆

مہندی رَچا کے ہاتھ میں دُلہن نہ میں بنی
کوئی تو یہ بتائے کہ مجھ میں تھی کیا کمی
جب دینے والوں نے مجھے حق نا دیا کوئی
پاپوش کی طرح سے میں بازار میں بکی

☆☆☆

یہ کیسی بات کا اقرار کر دیا میں نے
خدا کی ذات سے انکار کر دیا میں نے ؟
تمام لفظ کہانی کے پھر سے لکھےّ گئے
مٹا کے خود کو جو کردار کر دیا میں نے

کیا کمی تھی

☆☆☆

ابتدا ہو کے انتہا ہونا
ہم نے سوچا نہ تھا، جدا ہونا
لوگ بستی - - - گو - - - چھوڑ آئے تھے
پھر بھی قسمت میں تھا فنا ہونا

☆☆☆

وقت گذر جاتا ہے سب کا اور باتیں رِہ جاتی ہیں
کام تو ہو جاتے ہیں صاحب! بس یادیں رِہ جاتی ہیں
گھر کو چھوڑنے والو! گھر کو یاد رکھو، کہ بعض اوقات
رَہ تکتی آنکھوں کے بدلے دیواریں رِہ جاتی ہیں
جیون کیا ہے، ان لوگوں سے پوچھو، جن کے پیاروں کی
میتیں اٹھ جاتی ہیں لیکن باراتیں رِہ جاتی ہیں

☆☆☆

ہوا کچھ جاگتی، کچھ سو رہی ہے
وہ دیکھو! دُور بارش ہو رہی ہے
وہ ٹہنی جھک کے بہتے پانیوں سے
ندی میں پھول اپنے دھو رہی ہے

☆☆☆

اب اور آپ کے احساں کا کیا صلہ دیتے
جو لفظ پاس نہیں تھے تو کیا دعا دیتے
عَلی فضول گذارا ہے آج کا دِن بھی
چلو کسی کو سڑک پار ہی کرا دیتے

☆☆☆

پتھر سے کوئی جھیل کو گھائل کیا کر گیا
لہروں کے آنسوؤں سے کنارہ ہی بھر گیا
مانا بہت سے کام ادھورے ہی رہ گئے
لیکن وہ ایک کام مکمّل تو کر گیا

☆☆☆

وہ بے وفا تھا کہ با وفا، نہیں سمجھا
وہ مجھ سے کیوں ہوا ہے پھر جدا، نہیں سمجھا
عبارتیں وہ لکیروں کی جانتا ہے مگر
لکھا وہ تختیٔ محفوظ کا نہیں سمجھا

☆☆☆

فقط فلک نے ہی یہ سانحہ نہیں دیکھا
وگرنہ کس نے لہو جا بجا نہیں دیکھا
تم اُن سے پوچھو کہ پتھر سی زندگی کیا ہے
جنھوں نے پہلے کبھی آئینہ نہیں دیکھا

☆☆☆

چاہے سانسوں کو نہ جینے کی سزا دی جائے
ہاں! مگر رُوح کو تھوڑی سی ہوا دی جائے
میں نہ روؤں گا تو الفاظ مِرے روئیں گے
میری آنکھوں کو یہ اِک بات بتا دی جائے

☆☆☆

کیا کمی تھی

☆☆☆

اپنا گھر کیا چھوٹا ہم سے، شہر شہر دُشنام ہوئے
ان لوگوں نے پتھّر مارے، ہم سے بھی جو عام ہوئے
بیٹھے بٹھائے سستی ہونے کا، بس اتنا سا قصّہ ہے
اِک اِک کر کے چوڑی ٹوٹی، سب برتن نیلام ہوئے

☆☆☆

تمام گھر پر عذابِ پیہم بنی ہوئی ہے
عجب یہ تلوار ہے جو ہر دَم تنی ہوئی ہے
تمہیں خبر کیا، جو بات اس نے کہی ہے تم سے
نہ جانے کتنے ہی تجربہ سے چھنی ہوئی ہے

☆☆☆

قرینہ کوئی کسی دَم سنبھالنا بھی تو تھا
جو کھو چکا ہے، اسے پھر پکارنا بھی تو تھا
بجا کہ چمکا کیے وہ، فلک پہ مثلِ قمر
مگر زمیں پہ اسے پھر اتارنا بھی تو تھا

☆☆☆

جہاں پہ تھا، وہیں پر اب کھڑا ہوں
مگر دیکھو! میں پھر بھی چل رہا ہوں
سمندر سے اُفق تک جاتے جاتے
میں قطرہ قطرہ، بستی پر گرا ہوں

☆☆☆

کیا کمی تھی

☆☆☆

اپنی اوقات سے بڑھنے کی ضرورت کیا ہے
اس قدر خواب پہ مرنے کی ضرورت کیا ہے
سامنے جس سے بلندی کا دھواں چھا جائے
اس قدر بام پہ چڑھنے کی ضرورت کیا ہے

☆☆☆

پانی میں دُور قریہء نایاب دیکھتے
مدّت گذر گئی ہے یہی خواب دیکھتے
آنکھوں میں اِضطراب نہ چہرے پہ کوئی فکر
اے کاش! ہم بھی خود کو یوں شاداب دیکھتے

☆☆☆

متفرقات

غمِ حیات کے زخموں سے چُور رہتے ہیں
ہم اپنے گھر میں نہیں، گھر سے دُور رہتے ہیں

☆

یہ کیا کہ چاند سی اِک رات بھی نہیں ہوتی
سحر سے اپنی ملاقات بھی نہیں ہوتی

☆

مرا ہر اشک مرے دل کے لئے زخم بنا
مِری تقدیر میں رونا بھی نہ لکھا اُس نے

☆

ہر ایک زخم سہہ لیا فقط یہ سوچ کر علی
چلو کہ زندگی میں یوں اِک اور تجربہ سہی

☆

بلندیوں پہ پہنچ کر نہ جانے کیوں سب لوگ
علی زمانہء پستی کو بھول جاتے ہیں

☆

ہر ایک وقت وہی داستاں زمانے کی
کبھی تو بات کرو ہم سے مسکرانے کی

☆

لمحہ جلدی تمام ہو جائے
نامِ جاں، محض نام ہو جائے

کیا کمی تھی

☆

قرارِ جاں بھی نہ ہو اور گفتگو بھی نہ ہو
یہ کیسے ہو کہ مجھے تیری جستجو بھی نہ ہو

☆

کوئی ملُول تھا نہ کِسی کو خوشی ہوئی
کچھ اس طرح سے گھر سے مِری رخصتی ہوئی

☆

نہ دوستی نہ کبھی دشمنی رہی ہم سے
یہ زندگی کہ سدا اجنبی رہی ہم سے

☆

کسی بچّے کے ننھے قہقہے سے
تھکاوٹ دور ساری ہو گئی ہے

☆

اب کے بھی خواہشِ دستک رہی پنہاں دل میں
اب کے بھی تم سے ملاقات نہیں ہو پائی

☆

مکیں نہیں تو کم از کم مکان بدلا جائے
کسی طرح سے مگر آسمان بدلا جائے

☆

اب کہ سوچا ہے سامان تبھی کھولیں گے
نئے ماحول سے واقف جو ذرا ہولیں گے

☆

یہ اور بات مجھے اب تُو جانتا ہی نہیں
مگر میں ہوں ابھی تجھ میں ضمیر کی مانند

☆

میں خوش ہوں میرے ہاتھوں سے بالآخر
لکیرِ زیست مٹتی جا رہی ہے

☆

سات سمندر پار کی دنیا، دیکھ چکا ہوں
جو خوابوں کا مستقبل تھا، دیکھ چکا ہوں

☆

بھیڑ میں شامل تو ہونا چاہیے
لُٹ تو جانا ہے ہی، کھونا چاہیے

☆

کھلا مکان کو رکھّیں یا بند کر ڈالیں
ہمارے پاس ہمارے علاوہ ہے ہی کیا

☆

مقام کیا ہے، کسی کا، خدا ہی جانتا ہے
علی کسی کو بھی خود سے حقیر مت سمجھو

☆

تمام عمر یونہی بن بیاہی بیٹھی رہوں
جہیز مانگنے والوں نے یہ سزا دی ہے
حضور! کچھ تو کرم ہو کہ اب تو پاؤں میں
کسی غریب نے دستار تک گرا دی ہے

☆

ہمیں امید پھر اس در پہ کھینچ لائی ہے
حضور! اب تو ہمیں اپنے ساتھ لے چلیے

☆

کوئی ملول تھا نہ کسی کو خوشی ہوئی
کچھ اس طرح سے گھر سے مِری رخصتی ہوئی

☆

میری آنکھیں، مجھ سے میری بینائی بھی چھینو
چھینو -- لوگو! مجھ سے میری تنہائی بھی چھینو

☆

جو مِرا حق تھی، وہ عزّت نہیں رکھّی میری
میرے اجداد نے قیمت نہیں رکھّی میری

☆

خود کو آگ لگا کر اپنا آپ تماشہ دیکھا جائے
یہ جیون ہے، تو اِس جیون کا یہ کنارہ دیکھا جائے

☆

اجاڑ ڈالے گا لہروں کے دائرے کو علی
مثالِ سنگِ گراں جو گرا ہے پانی میں

☆☆☆

مُسکرا کے عذاب دے دینا
اُس کی عادت ہے خواب دے دینا

☆☆☆

حاضر نہیں ہوں آپ کی خدمت کے واسطے
زحمت نہ ہو تو اپنی صدا چھوڑ دیجیے

☆☆☆

ACKNOWLEDGEMENTS

اعترافات

کسی نہ کسی طریقے

یہ لوگ میرے شعری سفر میں معاون تھے :—

- نقاش ہاشمی (وحید الحسن ہاشمی کے صاحبزادے)، سید نیر رضا اور ان کی فیملی،
  عارف عبدالمتین، خلیق الرحمٰن، محیط اسماعیل، یوسف مثالی
- زبیر خالد
- حلقۂ اربابِ ذوق ـــ لاہور کے شرکاء ـــ منصور آفاق،
  عباس تابش، قائم نقوی، اختر شمار، جواز جعفری
  اور دیگر
- بخش لائلپوری، فیضان عارف، سفیان ناصر خان
- 'جنگ' (لاہور، لندن)، 'رابطہ'، 'اوراق'، 'ماہِ نو'، 'فنون'،
- میری امی جان
- ماموں محمود، ماموں شہزادہ، کزن باسط اور فیملی
- میرے تمام دوست
- اور دیگر

یقیناً میں ان کا تہہِ دل سے مشکور و ممنون ہوں
اور ان کی ترقی
کے لئے
دعا گو ہوں

علی فضول گذارا ہے آج کا دن بھی
چلو کسی کو سڑک پار ہی کرا دیتے

☆

ٹرین گذری تو پٹڑی پہ دیر تک وہ جسم
تڑپتا رہ گیا، جیسے ہو جان آرے پر

☆

کیا کوئی اب کے بھی بچہ چھین کر لے جائے گا
اور ماں گاڑی کے پیچھے بھاگتی رہ جائے گی

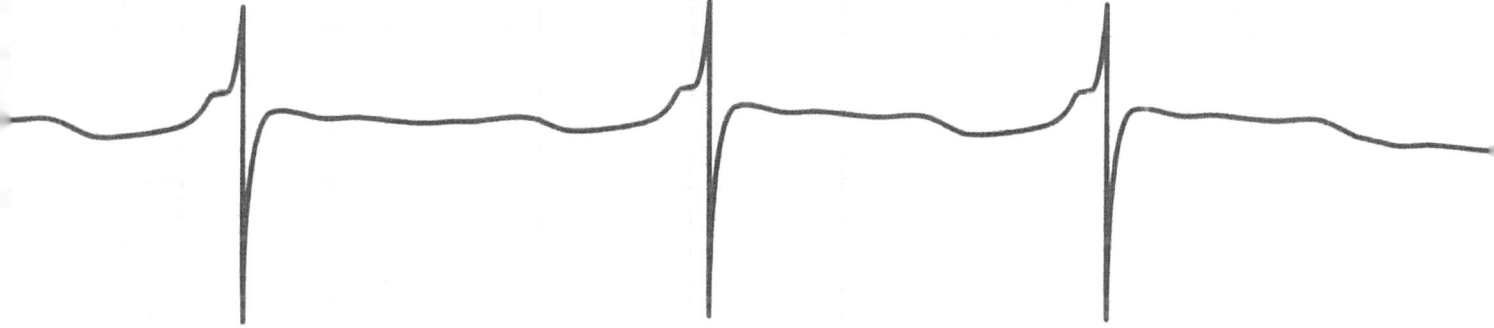

ISBN 0-95283-45-10

9 780952 834519

www.AliKhan.org

www.ingramcontent.com/pod-product-compliance
Lightning Source LLC
Chambersburg PA
CBHW081301040426
42452CB00014B/2598
* 9 7 8 0 9 5 2 8 3 4 5 1 9 *